I0415420

Inteligencia emocional:

Aprende como Percibir Emociones, Entender Emociones, y Dirigir Emociones para Mejorar su Crecimiento Personal

Jeremy Bolton

Una vez finalizada la lectura de este libro y su reflexión, te recomiendo profundizar esos conocimientos leyendo:

<u>Inteligencia Emocional: Una guía paso a paso sobre como Manejar sus emociones, aumentar la auto-consciencia y mejorar su coeficiente emocional.</u>

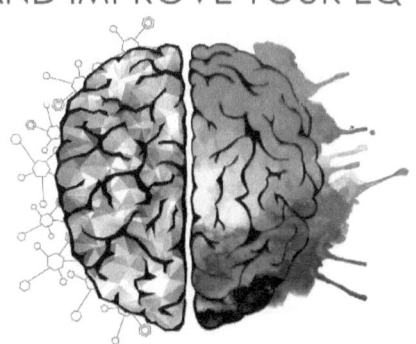

Este libro se enfoca en otro modelo de Inteligencia Emocional desarrollado por Peter Salovey y John Mayer conocido como el modelo de habilidades. Se concentra en interpretar las señales sociales a través de las percepciones emocionales, validar tus propias emociones y las de otros, y entender cómo manejar tu emoción para que te ayuden tu crecimiento personal.

Mientras que el modelo de habilidades es mundialmente conocido y utilizado por muchos profesionales, está muy lejos de ser perfecto. Este libro cubrirá otros tipos de mediciones usadas para determinar la inteligencia emocional de una persona basándose en el modelo de habilidades. Además, el libro discutirá algunas de las mayores críticas al modelo de las habilidades para asegurarse de informar sobre sus imperfecciones de igual forma.

A primera vista, la empatía parece no pertenecer al círculo de la inteligencia emocional, aun así, la empatía juega un rol fundamental en nuestras vidas cuando estamos tratando de mejorar nuestro coeficiente emocional. Es por ello que tal vez estés interesado en aumentar tu experiencia empírica leyendo:

<u>Empatía. Una guía práctica para el entendimiento y desarrollo de tus dones como una persona altamente sensible</u>

En resumen, este libro tratará varios aspectos de la empatía incluyendo:

- Definición de empatía
- Importancia de la empatía y cómo afecta a otros
- Diferenciación de los distintos tipos de empatía
- Cómo desarrollar tu lado empático

Mientras que estos son a grandes rasgos los temas a tratar en el libro, irá un poco más allá para encontrar nuestro **lado empático** y descubrir nuestro **potencial** para desarrollarlo.

Inteligencia emocional:

Aprende a Percibir Emociones, Entender Emociones, y Dirigir Emociones para Mejorar su Crecimiento Personal

Tabla de Contenido

Introducción

Cuando hablamos sobre Crecimiento Personal, nos referimos al desarrollo del individuo en todos los aspectos de la vida y muchas etapas diferentes. Incluyendo el desarrollo de habilidades para una vida mejor y para sostenerte, dándote sentimientos más positivos sobre ti mismo y otros, y en general, para tener una autoestima más sana.

El crecimiento es un proceso individual que pasa en fases y etapas, y no pasa de exactamente la misma manera para todo el mundo. Si lo observas todo con detenimiento, entonces te darás cuenta que todos diferimos, y también, la manera en la que desarrollamos nuestro aspecto emocional.

Así, al llegar a este punto en tu vida, ya puedes alcanzar un nivel seguro de Inteligencia Emocional (IE). Alto o bajo, esto no debería detenerte si deseas desarrollarte como una persona emocionalmente madura.

Si nunca has oído de agilidad emocional, flexibilidad emocional, administración de las emociones, y estrategias de control de las emociones antes, entonces ahora es el mejor momento para adquirir estos conocimientos; y, si ya los conoces, pues ya es hora de reforzar estas habilidades de vida y hacerlas trabajar para ti.

En este eBook, hablaremos específicamente sobre cómo conseguir el crecimiento personal a través del Modelo de Capacidades de la Inteligencia Emocional. Después de entrar en profundidad en lo que este modelo significa, también entraremos en profundidad en sus cuatro áreas sucesivas o elementos, como:

- Cómo para identificar las emociones y cómo percibirlas mejor.

- Cómo ser capaz de utilizar las emociones y en qué te pueden ser estas útiles.

- Por qué necesitamos de las emociones para ser entendidos y cómo para evitar malinterpretarlas.

- Cómo para dirigir vuestras emociones y cómo beneficias de él.

Al final de este eBook, esperamos que te sientas inspirado para sacarle provecho al Modelo de Capacidades y todo lo que este te ofrece para mejorar tu crecimiento. Por ahora, debes comenzar entendiendo lo básico de la Inteligencia Emocional.

Capítulo 1: Inteligencia Emocional – Modelo de Capacidades

La mejor manera de dar inicio sería para definiendo la Inteligencia Emocional o IE de una manera que pueda ser sencillamente y fácilmente comprendida.

Si tratamos conseguir el concepto correcto, también debemos remontarnos al origen del Modelo de Capacidades, y cómo es diferente de otros modelos de Inteligencia Emocional.

¿Qué es Inteligencia Emocional?

En un eBook anterior sobre Inteligencia Emocional: *Una Guía Paso a Paso – Una guía paso a paso sobre Cómo a Dominar Nuestras Emociones, Aumentar Nuestra Auto- Consciencia, y Mejorar Nuestro EQ* escribimos sobre cómo la Inteligencia Emocional (IE) puede ser definida a profundidad.

Globalmente, hay muchas maneras de definir IE y cinco modelos diferentes para representarla. En este eBook, nos alejaremos un poco de ese foco y definiremos este concepto de la manera más sencilla, más fácil posible.

Más importante aún, también poniendo nuestra mente específicamente en el Modelo de Capacidades de Inteligencia Emocional como base para la discusión.

Orígenes de la Inteligencia Emocional

Debemos comenzar recordando cuáles fueron los orígenes del término "Inteligencia Emocional".

Como concepto, la idea de la Inteligencia Emocional apareció por primera vez en 1964 a través de un papel publicado por Michael Beldoch.

Como término, los primeros en acuñarlo fueron los doctores John Mayer, Ph. D. Y Peter Salovey, dos investigadores asociados con Stanford y Yale, respectivamente. El primero tuvo una beca de Post-Doctorado en la Universidad de Stanford, mientras que el último ostentaba el cargo de Rector de la Universidad de Yale.

En 1990, Mayer y Salovey publicaron un artículo. Titulado de manera simple: "Inteligencia Emocional", sea aquí dónde el concepto de IE era definido por primera vez como *"la capacidad de razonar sobre nuestras emociones e información emocional, y de emociones para realzar el pensamiento".*[i]

El artículo hizo más que describir IE; también introdujo la EI como teoría y llevo a discusión posibles mediciones para la misma. Debido a estas, se asentaron las bases básicas de otros estudios subsiguientes e investigaciones a llevarse a cabo.

En 1995, un investigador entrenado en la persona de Dr. David Caruso (del Centro para la Inteligencia Emocional –Universidad de Yale) se unió al equipo. Juntos, los tres hicieron estudios más avanzados sobre cómo las capacidades de IE posiblemente podían ser medidas. Al llevar a cabo investigaciones más profundas, también trataron de probar si la IE podría mejorar con edad.

Sobre las bases de un creciente interés en EI, aun en 1995, un libro nuevo emergió de la pluma del renombrado psicólogo y periodista científico, Dr. Dan Goleman. Publicado bajo el título de "Inteligencia *Emocional – Por qué Puede Importar Más que el IQ"*, el marco de EI fue discutido y los elementos esenciales se introdujeron.

Al llegar a este punto, sería demasiado temprano para hablar de estos elementos, pero te los haremos saber una vez que empecemos a revelar más de lo que es el Modelo de Capacidades y cómo trabaja.

Cómo se define la Inteligencia Emocional Básicamente

Para entender lo que significa la Inteligencia Emocional, tenemos que verlo como más que los elementos que deberían estar presentes en una persona y medir cuáles serían esenciales para esta persona. Antes de eso, es importante primero definir que es un término básico usado a menudo por psicólogos, e incluso empresarios.

Así que ante todo, la Inteligencia Emocional se define más como una CAPACIDAD y una CONCIENCIACIÓN qué las personas poseen. Basándose en las capacidades, la IE está definida como la *"CAPACIDAD de Percibir, Entender, Usar, y Regular las Emociones."* En términos de

Concienciación, es una CONCIENCIACIÓN de las emociones dentro de ti y de otros.

Como estamos hablando del Modelo de Capacidades de Inteligencia Emocional, nuestro objetivo es centrarnos en las Capacidades e identificar lo que son estas capacidades concretas. Ya, desde la definición básica, notamos que todo se trata de Percepción, Entendiendo, Uso, y Control o Administración de las Emociones.

¿Qué Capacidades Concretas Te Hacen Emocionalmente Inteligente?

¿Hay alguna habilidad específica que tienes cuando eres emocionalmente inteligente? ¿Obtienes algo de estas capacidades y te beneficias de ellas?

En el Modelo de Capacidades, hay cuatro capacidades concretas que determinan el nivel de

Inteligencia Emocional. Al afilarlas y desarrollarlas, continuarán haciéndote más feliz y exitoso en tus relaciones con otros.

1. En primer lugar, está la capacidad de PERCIBIR. Percibir significa reconocer e identificar, en este caso, las emociones dentro de ti y de los otros.

   En términos de Percepción, una persona Emocionalmente Inteligente es capaz de reconocer correctamente lo que ven y sienten. Interpretas las emociones de forma correcta por la expresión facial del individuo o lo que manifieste su lenguaje corporal.

2. Segundo, esto se traduce a la capacidad de ENTENDER. Cuándo 'percibes emociones' con exactitud, eres capaz de vislumbrar para qué son estos sentimientos y para diferenciar el

uno del otro. A través del apropiado discernimiento y diferenciación, eres capaz de etiquetar estas emociones con exactitud.

Este Entendimiento no está solo limitado a tí – a tus propias emociones y a cómo te sientes personalmente. Parte de 'comprender las emociones' está siendo capaz de entender cómo otra persona puede sentir y por qué pueden estarse sintiendo de la manera en que lo hacen.

3. El tercero es la capacidad de UTILIZAR las emociones. 'Utilizar las emociones', no necesariamente significa manipular los sentimientos de otras personas y tomar ventaja de ellos para nuestros propios fines egoístas (aunque no vamos a ignorar el hecho de que algunas personas así lo harán).

En cambio, se trata de utilizar lo que sabes sobre el estado emocional de una persona en particular para responder de manera positiva y constructiva.

4. Cuarto y último es la capacidad de DIRIGIR emociones. 'Dirigir emociones' significa regular tus propias emociones, siendo capaz de soportar a cualquier persona y en cualquier situación dada. Así, tan complicadas como puedan ser la persona o la situación, tú no sucumbirás a la tensión y presión de todo.

Dirigir tus emociones se equipara a una buena cantidad de auto-regulación y auto-control. No eres controlado ni te dejas llevar por tus emociones; en cambio, estás a cargo de tus emociones y sabes controlarlas.

¿Qué es capaz de Hacer una Persona Emocionalmente Inteligente?

En general, las personas emocionalmente inteligentes son capaces de Percibir, Entender, Usar y Regular sus propias emociones; esto ya lo sabemos. Aun así, estas capacidades no están sólo limitadas a las emociones propias, porque también incluyen las emociones de otros.

Así, cuándo eres una persona Emocionalmente Inteligente, también eres capaz de:

1. Eres capaz de sentir con más claridad el estado emocional de aquellos a tu alrededor. Así que eres más sensible y, consiguientemente, más abierto a las necesidades de otros.

2. Como tiendes a no tomar las cosas de forma muy personal, eres capaz de aceptar las críticas

bien. De hecho, eres capaz de responder a la crítica bastante bien, en comparación con otros.

3. Eres capaz de mantenerte en calma y de guardar la compostura en situaciones conflictivas y estresantes. Capaz de mirar al problema o factor estresante objetivamente, aportas mejores soluciones o tomas mejoras decisiones que la mayoría.

4. Como eres una persona emocionalmente estable, eres capaz de ayudar aliviar y enfriar una situación complicada. No eres de meter cizaña en debates o discusiones. Esa no es tu taza de té.

5. Como alguien que se puede calmar a sí mismo y darse ánimos, eres capaz de hacer lo mismo

por otros. Es natural que seas capaz de ayudar a otros a calmarse y a animarles positivamente.

6. Como sabes cómo auto-regularte y dirigir tus emociones, no te agitas ni te sientes amenazado por el comportamiento de otros de manera fácil. En cambio, eres capaz de afectar e influir el comportamiento de otros.

7. Cómo es más fácil que influyas a que te influyan, tienes más control de la situación. Eres capaz de utilizar tus propias emociones de manera que tu rendimiento mejorará, en lugar de anularse o agravarse.

8. Finalmente, como tu razonamiento es escuchado y se puede confiar en tu intuición, también sigue eres capaz de hacer que las

personas confíen en tu juicio y te tengan confianza.

Así, estos son las cosas más grandes que eres capaz de conseguir cuándo eres Emocionalmente Inteligente. Con la palabra clave "habilidad", lo siguiente que necesitamos saber es: (1) en qué modelo principal se basa esta habilidad, y (2) qué capacidades subyacentes de este modelo quieres obtener y desarrollar.

¿Cuáles son los 4 Elementos que Conforman el Modelo de Capacidades de Inteligencia Emocional?

Después de haber definido lo que es la Inteligencia Emocional y lo que eres capaz de hacer con ella, es tiempo de profundizar en el Modelo de Capacidades. Quizás, te has estado preguntado:

"¿Qué trabajo hace exactamente el Modelo de Capacidades de Inteligencia Emocional?"

Muy brevemente, recordaremos las bases sobre las que asentó el Modelo de Capacidades. Volviendo a la historia, los doctores John Mayer y Peter Salovey no solo trabajaron para introducir el concepto de Inteligencia Emocional en 1990. En 2004, eran también trabajaban en el desarrollo del de Modelo IE que hoy conocemos como Modelo de Capacidades.

Si vas a confiar en el MODELO de CAPACIDADES de la INTELIGENCIA EMOCIONAL, entonces también deberías entender un poco más sobre qué trata. Primero, debemos definir el MODELO de CAPACIDADES como *la "habilidad de percibir emociones, integrarlas para facilitar el proceso de razonamiento, entender las emociones, y para regular las emociones en función del crecimiento personal propio".*[ii]

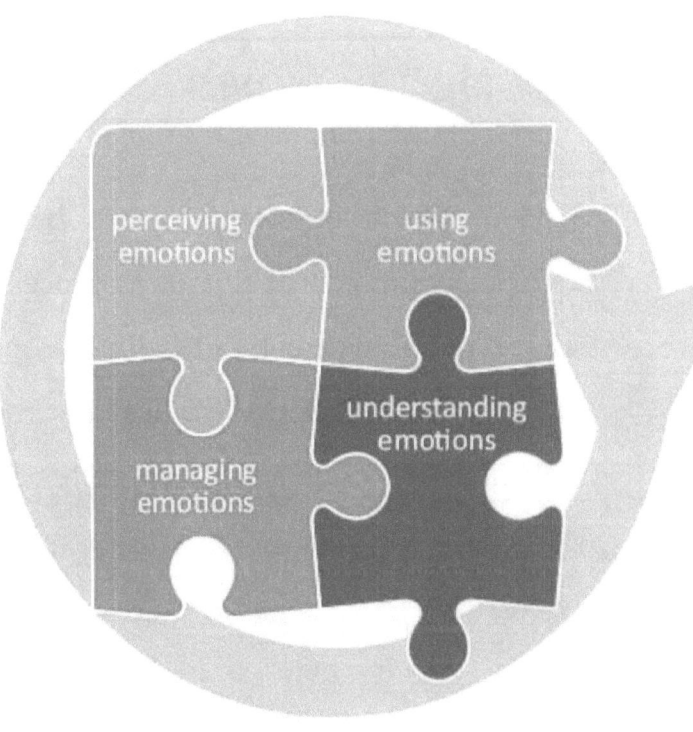

Figura   1:   El   Modelo   de   Capacidades   -
http://emotionalintelligenceworldwide.com/wp-content/uploads/msc-model-500x.jpg

Ya que estamos definiendo punto por punto, es tiempo de desglosar los Cuatro <u>Elementos</u> que conforman el Modelo de Capacidades, y son los siguientes:

1. PERCIBIR EMOCIONES

Dicen que, sin el elemento más básico de Percepción Emocional, los otros procesos del Modelo de Capacidades difícilmente pueden ser completados. Esto explica por qué la explicación de este elemento será más larga y detallada.

Podrías decir que la Percepción y el reconocimiento van de la mano. El Modelo de Capacidades da inicio a la Inteligencia Emocional con la capacidad de reconocer con exactitud las emociones propias y afrontarlas como lo que realmente son. Después de todo, solo haciendo esto serás capaz de reconocer y procesar las emociones de otros.

La PERCEPCIÓN EMOCIONAL no es sólo una capacidad; es también un proceso. Al ser tanto una capacidad como un proceso, la percepción te permite identificar correctamente diferentes tipos de estímulos sensoriales. Estos estímulos son aquellos que son provocados por los sentidos: vista, tacto, oído, gusto, y olor.

Es importante recalcar que hay personas en particular que encuentran difícil el proceso de Percepción Emocional, muchas de las cuáles son Autistas. Se sabe qué condiciones como el Autismo, limitan la capacidad de reconocer e identificar las diferentes emociones, por lo que también son incapaces de leer las expresiones faciales y el lenguaje corporal de otros.

2. ENTENDER LAS EMOCIONES

Bien. Ya que reconocemos las emociones como lo observado, percibido y reconocido en el lenguaje corporal y las expresiones faciales de las personas. ¿Qué sigue? La próxima parte del proceso es que estas emociones tendrían que ser correctamente entendidas y para luego interpretarse su utilidad.

Después del proceso de entender las emociones, dado que eres capaz de reconocer una emoción de manera correcta, vendría el de saber si eres capaz de interpretar con exactitud lo que la emoción significa (o, al menos, sugiere). En efecto, esto te permite responder mejor basándote en dicha interpretación para así actuar apropiadamente en obtener el resultado deseado.

En realidad, aun 'entendiendo las emociones' (las propias y las de los otros) esto puede resultar ser bastante complejo. En especial cuándo las señales están mezcladas, a veces es posible darnos cuenta de que nuestras señales se mezclaron. Es también posible que a un individuo le gustes y esa persona pueda luego sentir dos emociones contrarias hacia ti, chocando al mismo tiempo, y esto hace que el entender emociones sea mucho más complicado.

3. UTILIZAR LAS EMOCIONES

Aquí entra el 'integrar tus emociones para facilitar el pensamiento'. Otra vez, el concepto de 'utilizar emociones' no se trata de manipular los sentimientos de otros y sino de incorporar lo que sabes y entender el impacto de las emociones en tu vida diaria.

Cada día de tu vida, tienes que tomar decisiones, tanto importantes como menores, grandes y pequeñas. A menudo, tienes que considerar las emociones (tanto las propias como las de los demás) para tomar la mejor decisión posible. Lo peor que puedes hacer al tomar una decisión es cerrarte buscando el resultado deseado.

Cuándo decimos 'considerar las emociones', es para tener en cuenta los ánimos y sentimientos de otros y para pensar un poco en estas emociones. Al integrar estas emociones al pensamiento, estás en una mejor posición para evaluar qué acciones tomar y cuándo tomarlas. Así, tus acciones hacia las emociones resultan apropiadas, bien-cronometradas, e inevitablemente, más exitosas.

4. DIRIGIR EMOCIONES

El último de los elementos, 'dirigir emociones' está considerado el nivel más alto en el Modelo de Capacidades. Se refiere a tu capacidad a auto-regular tus propias emociones, así como dirigir las emociones de otros para conseguir un objetivo más alto.

Como ya hemos mencionado, dirigir tus emociones te permite tener una posición de influencia y control. Así, en lugar de controlar o incluso malinterpretar tus emociones, te lleva a pensar y hacer lo correcto por ser más consciente y considerado en cuanto a sentimientos.

Estos cuatro elementos del Modelo de Capacidades consideran que, a pesar de que tienes tus propias emociones en juego, también debes conseguir tomar en cuenta las emociones de otros. Al final, no te hará ningún daño y lo mejor de aplicar todos estos elementos es que, juntos, te dirigen hacia tu crecimiento personal.

Si te gustaría saber más sobre Inteligencia Emocional y los diferentes modelos que la sustentan, deberías leer nuestro anterior libro "Inteligencia *Emocional: Una guía paso a paso sobre Cómo a Dominar Nuestras Emociones, Aumentar Nuestra Auto- Consciencia, y Mejorar Nuestro EQ"*

Capítulo 2: Percibiendo las Emociones

Comenzando por el primer elemento del Modelo de Capacidades, la PERCEPCIÓN EMOCIONAL, te permite convertirte en un ser emocionalmente-culto.

Por lo tanto, significa que eres profundamente consciente de tus propias emociones cuando ocurren dentro de ti. Eres también capaz de reconocer y etiquetar con exactitud los sentimientos propios y ajenos, lo cual te permite comunicar y dirigir estas emociones más eficazmente.

¿Cuáles son los 4 aspectos que te ayudan a identificar una emoción?

Según el modelo de Mayer-Salovey, la percepción de las Emociones tiene cuatro aspectos primarios que son:

1. La capacidad de identificar la emoción en sí misma.

2. La capacidad de reconocer las emociones de otros.

3. La capacidad de etiquetar cómo las emociones están expresadas.

4. La capacidad de identificar expresiones falsas o formas manipuladoras de expresar emociones.

En el día a día, hay ejemplos relacionales.

1) <u>La capacidad de identificar la emoción en sí misma</u>. Al final de un día largo y duro de trabajo decimos, *"estoy cansado."* Ese sentimiento de estar cansado se puede

traducir a un gran número de cosas diferentes.

Podrías sentirte 'cansado' porque tuviste una gran carga de trabajo para llenar tus horas, o tuviste algún problema con tu jefe o con tus colegas; o, solo fue uno de aquellos días cuándo te diste cuenta que andad salió cómo te lo esperabas, estás insatisfecho con tu trabajo o no ganas lo suficiente para cubrir tus necesidades.

Todas son razones válidas para sentir cansancio, pero es sólo los que identifican con claridad sus emociones pueden hacerle frente.

2) <u>La capacidad de reconocer las emociones de otros</u>. Así es la situación en el segundo

punto: te produce ansiedad hablar con tus colegas o compañeros de trabajo sobre una preocupación particular. No has comenzado a hablar, pero te sales diciendo, *"me duele la cabeza."* ¿Cómo reaccionarías normalmente?

Normalmente, un dolor de cabeza está percibido como una incomodidad física provisional, una manifestación aguda o crónica de tensión, o ambos. Dependiendo de las señales y los síntomas mostrados, ¿qué ves?

Si lo tomas personalmente, responderías con preocupación sobre lo que pudiste haber dicho o hecho más temprano en el día o semana que podría haber ofendido a esta persona. Al identificar el evento como el motivo del 'dolor de cabeza', tú también comienzas a sentirte incómodo.

Otra respuesta, sería si observaste si la expresión sombría, sería para seguir insistiendo en el tema a tratar. Entonces, reclamarías una respuesta inmediata de la otra persona, causando irritación y conflicto entre ambas partes.

Además de eso, también podrías tomar la palabra de la persona de que tienen un 'dolor de cabeza' (literal o figurativamente), respetar su deseo de retirarse y dejarles ser. Al mismo tiempo, también podrías encontrar una razón para mantenerte ocupado, sin causar cualquier tensión adicional, y guardando tu preocupación para un momento más oportuno.

3) <u>La capacidad de etiquetar lo que las emociones expresan</u>. La rabia, por ejemplo, es una de las emociones menos comprendidas, y una bastante difícil de etiquetar. Puede que un niño sea enojadizo y se comporte bien en casa y sea desobediente en la escuela. El niño puede también distanciarse de sus familiares y amigos cuando siente rabia, y mostrar un patrón errático en sus hábitos de sueño y alimenticios. Todo esto es producido por una misma emoción, la rabia, ¿pero hay acaso algo más oculto dentro de ella?

Para validar la experiencia del niño debemos entender la emoción desde su punto de vista. Pueda ser que la emoción sustituta podría ser exhibir su 'rabia', mientras que la emoción real probablemente podría ser el dolor, la tristeza, la soledad, la frustración, la tensión, entre otras, dependiendo de lo que la persona está experimentando en realidad.

Se entiende, aun así, que ETIQUETAR las emociones a veces es una costumbre adquirida y aprendida. Ya que pueden ser parte de un patrón de comportamiento o una norma cultural.

Dado el caso, dos personas que hablan animadamente en el mercado, haciendo gestos con las manos mano y hablando fuerte, podría ser mal interpretado y confundido con cuando dos personas enojadas pelean verbalmente.

De hecho, bajo circunstancias diferentes y visto bajo ciertas luces culturales, estos podrían ser dos personas habiendo conversado sobre cómo hacer un buen negocio y regateando para obtener el precio correcto.

4) <u>La capacidad de identificar expresiones falsas o emociones expresadas de manera manipulativa</u>. Cuándo las personas están ocupadas y distraídas, a veces pueden mostrar expresiones falsas de compasión y preocupación por la otra persona. No significa que no "están tristes por ti" o "están sentidos", pero de una manera vaga e imprecisa.

También, hay momentos en lo que eres claramente capaz de identificar expresiones falsas, en especial cuando te ofrecen cualquier ayuda real. En tal caso, sería cuando los asociados de ventas o recepcionistas de oficina te sonríen y dicen, "¿Cómo te puedo ayudar?" Sin en verdad sentirlo.

No están siendo sinceros, pero puede ser bastante obvio para ti al deducir su expresión facial y lenguaje corporal, que bien pueden estar enviando mensajes, charlando, sentados, o descansando. Así, entendemos que deben responder a los clientes de la manera más diplomática de forma que les cueste menos tiempo y menos estrés.

Para no perder tiempo teniendo problemas al tratar las clases de emociones, lo mejor que se podría hacer sería aprender cómo a percibir las emociones con exactitud para entenderlas correctamente. Esto puede se puede conseguir por comprensión no verbal como las expresiones faciales, gestos de las manos, posturas del cuerpo, y otras formas de lenguaje corporal.

¿Qué 3 Factores Afectan la Percepción de las Emoción?

En vida real, las emociones no son tan transparentes y sinceras como nos gustaría, así, haciendo percepción (e interacción) un poco más desafiante. Tomando en cuenta todo esto, hay tres factores que afectan la percepción de las emociones, y te tendrían que guiar, como son:

1. Percepción cultural

Una investigación hecha por el Instituto Waseda de Estudios Avanzados en Tokio (Ciencias Psicológicas, octubre 2010) comparó la diferencia entre cómo el japonés y el holandés evalúan las emociones de otras personas. El estudio reveló que los japoneses prestan más atención al tono de voz que a la expresión facial. Con los participantes holandeses la cosa iba al revés.[iii]

En cuanto a la prueba realizada, los investigadores hicieron un registro de diferentes actores japoneses y holandeses expresando una frase neutra, *"¿Así es?"* de forma que pudiera interpretarse como feliz o enojado. Los vídeos eran después editados, de modo que el tono enojado era emparejado con una expresión facial feliz y el tono feliz emparejado con una expresión facial enojada.

Después de pedir a un número de voluntarios japoneses y holandeses para ver los vídeos y escucharlos en ambas lenguas, se les dieron instrucciones para evaluar si la persona en el vídeo estaba feliz o enojada.

Este fue el resultado del estudio: se comprobó que los participantes japoneses le prestaban más atención al tono de voz, a pesar de que se les indicó centrarse en la expresión facial. Como el investigador Akihiro Tanaka acotó, *"creo que los japoneses tienden a esconder sus emociones negativas al sonreír, pero es más difícil de esconder emociones negativas en la voz."*[iv]

Esto es desde el punto de vista de la cultura japonesa. Como personas, los japoneses están entrenados para escuchar las señales emocionales. Pero una persona holandesa que ve a una persona japonesa sonreír pasa por alto o no presta atención al tono trastornado de la voz puede malinterpretar la situación y concluir de manera diferente.

Otra vez, esto nos lleva de nuevo a la cuarta premisa en los aspectos que te ayudan a identificar las emociones, siendo la capacidad de identificar las expresiones falsas o las formas manipulativas de expresar emociones. Esto es lo que los estudios dicen sobre detectar 'sonrisas falsas'.

En una investigación conducida por Masaki Yuki de la Universidad de Hokkaido, William Maddux de INSEAD, y Takahiko Masuda de la Universidad de Alberta publicada en la *Revista de Psicología Social Experimental* (2007), se le pidió a sujetos japoneses y americanos responder a ciertas preguntas para comparar e interpretar iconos computarizados de caras humanas que mostraban una amplia gama de emociones.

Esto es lo que los hallazgos sugieren. Por un lado, en una cultura donde el control emocional prevalece como la norma, como la japonesa, los ojos son los puntos focales. Por otro lado, en una cultura en qué la expresión de las emociones es más abierta, como entre la americana, la boca es el punto focal.

El investigador, Takahiko Masuda comentó: *"creemos que es bastante interesante y apropiado que una cultura que tiende para enmascarar sus emociones, como en Japón, se centraría en los ojos de una persona cuándo quiere determinar la emoción, cuando los ojos tienden a ser bastante sutiles. En los Estados Unidos, donde la emoción externa es bastante común, tiene sentido para centrarse en la boca, que es la característica más expresiva en la cara de una persona."[IV]*

Cuándo se trata de interpretar emoticones, como aquellos utilizados en emails, textos y mensajería instantánea, los investigadores también detectaron una diferencia. Los emoticones japoneses tienden a distinguir entre felicidad y tristeza a través de la inclinación de los ojos, mientras que los emoticones americanos se distinguen los felices de los tristes a través de la inclinación de la boca. Este resultado implica que el japonés probablemente puede ser mejor a la hora de detectar 'sonrisas falsas'.

Otra vez, el investigador, Takahiko Masuda acotó: *"Estos hallazgos van contra la teoría popular de que las expresiones faciales de emociones básicas pueden ser universalmente reconocidas. La cultura de una persona juega un rol muy fuerte al determinar la percepción de las emociones y necesidades a considerar al interpretar la expresión facial."*[vi]

2. Percepción facial

Es importante de notar que la percepción facial varía según la edad, pues esto afecta la madurez mental y emocional del individuo. Sería incorrecto creer que los adultos y los niños entienden los matices de emociones de maneras similares, pero esto es lo que la mayoría de personas asume.

A los dos años, los niños ya empiezan utilizar PALABRAS de EMOCIÓN en su conversación consigo mismos y con los otros. Pero, es sólo hasta los 5 años que empiezan a desarrollar un VOCABULARIO de EMOCIÓN más amplio.

Los estudios revelan que, inicialmente, los niños sólo tienen dos categorías para clasificar las emociones; que son emociones positivas, por un lado, y emociones negativas por el otro. En este caso, la categoría de emoción positiva es 'feliz', y la negativa es 'enojado'.

En un estudio, niños de dos años analizaron expresiones faciales diferentes y se les preguntó cómo se sentían esas personas. La mayoría de los niños de dos años usó el término 'enojado' para aquellas expresiones faciales que mostraban rabia, asco, e incluso tristeza; pero, no lo hicieron para las que expresaban felicidad, sorpresa, y miedo.[vii]

Así que, para los niños más jóvenes, la CATEGORÍA de EMOCIÓN de 'enojado' es la más ancha. Cuando el estudio continuó con niños mayores ya en edad preescolar, los niños usaban menos la palabra 'enojado' para expresiones faciales tristes. Aun así, es sólo los niños a partir de los 9 años, más o menos, dejaban de usar el término enojado para expresiones faciales que mostraran asco.

Es alrededor de los 4 años que los niños son capaces de conectar las causas y consecuencias de las expresiones faciales. Al llegar a este punto, empiezan para desarrollar una etiqueta para ellas. En otras palabras, empiezan a pensar en las emociones como guiones qué tienen ciertas consecuencias y causas seguras.

Por ejemplo, asco (la emoción) es cuándo una persona arruga su nariz (la expresión facial) porque huelen algo asqueroso (la causa), así que cubren su nariz (el comportamiento) e intentan apartarse de la fuente del olor desagradable (consecuencia).

Por lo tanto, cuando los niños crecen, aprenden que las emociones son más distintas y variadas, y que hay ciertas cosas que pueden ocurrir simultáneamente. Al pasar de la edad preescolar a los años medios de la niñez, aprenden sobre una categoría más amplia de emociones y desarrollan un vocabulario más amplio para una variedad de emociones como orgullo, vergüenza, y humillación.

Inicialmente, estos niños, que son algo mayores, entienden el orgullo, la vergüenza y la humillación en términos de la usual confrontación entre emociones positivas y negativas. Etiquetaron la vergüenza como 'enojado' y la humillación como 'triste'. Gradualmente, aprendieron a utilizar la ETIQUETA apropiada para todas estas emociones – a excepción del desprecio que siguieron etiquetando como 'enojado'.

Actualmente, hay intervenciones escolares qué intentaron enseñar más a los niños sobre las emociones. Saber el nivel emocional actual de un niño tan solo determinando su edad, eres consciente de que es una oportunidad para enseñarles algo nuevo. Por ejemplo, a los 4 o 5 años, a un niño se le enseña qué es el asco y son capaces de distinguirlo de la tristeza.

Finalmente, enseñar a los niños más sobre las CATEGORÍAS de EMOCIÓN y para aumentar su 'vocabulario emocional' también ayuda. Cuándo los niños están a punto para aprender más sobre el tema de las emociones y se les permite participar en estas intervenciones, tienden a "desarrollar habilidades sociales y emocionales más fuertes y tienen mejores calificaciones que niños que no."[viii]

3. Percepción auditiva

Como seres humanos, somos capaces de percibir la emoción en nosotros mismos y en otros a través de la expresión facial, el lenguaje, y otras formas de lenguaje corporal. Pero ¿qué pasa cuando se trata de otros tipos de lenguaje no verbal, como por ejemplo la música?

Cuando escuchamos música ¿PERCIBIMOS LA EMOCIÓN de la música y la EMOCIÓN SENTIDA por la persona/el oyente son la misma o son diferentes? La emoción percibes es la que el compositor o el músico quiere transportar, mientras que la emoción que tú mismo experimentas al sentir la letra y la melodía.

En sintonía con la música, la ciencia dice que una distinción tiene que ser hecha entre PERCEPCIÓN de EMOCIÓN, que significa que estás percibiendo la expresión emocional de la música sin ser afectado por ella, y la INDUCCIÓN de EMOCIÓN, en qué tú cuando el oyente desarrollas una respuesta emocional a la música.[ix]

En la vida real, aun así, esta distinción entre 'la emoción percibida' y 'la emoción sentida' a través de la escucha es casi nunca discutida en conversaciones o revisada en ensayos científicos. Quizás, en el futuro, más estudios serán hechos sobre nuestra respuesta emocional a las señales no-visibles y no-verbales como la música.

Capítulo 3: La Importancia de Utilizar tus Emociones

Volviendo a nuestra introducción en el Capítulo 1, el Uso de las Emociones se refiere a tu capacidad de guiarte por tus sentimientos y utilizar este sentimiento constructivamente. La práctica de lidiar con las emociones, cuándo las usamos de una manera constructiva, puede ayudarte a construir una mejor autoestima y relaciones más sanas con las personas a tu alrededor.

Utilizar las emociones también te puede ayudar a tener éxito en la vida, incluso dándole la cara a la adversidad. De las muchas historias de éxito qué podemos citar como una experiencia identificadora, hay una que seguramente vas a apreciar.

Dale como ejemplo del uso de las emociones

Esta es la historia de un hombre joven llamado Dale, que nació en la pobreza en Maryville, Missouri. Creció en una granja, y lo cierto es que estaba avergonzado de ser pobre. Aun así, admiraba a su madre por tener fe fuerte, y a su padre por perseverar a pesar de su dura vida.[x]

Siendo hijo de un labrador pobre, admite el haber tenido que levantarse a 4 A.m. cada mañana para ordeñar sus vacas. Siendo adolescente en aquel tiempo, tuvo que haber sido muy difícil y desafiante para él. Además de sus luchas familiares y a sus quehaceres diarios, todavía tenía otras tareas que hacer incluyendo estudiar en la Universidad Estatal de Profesores en Warrensburg.

Como podemos imaginar, naturalmente, esto habría provocado que cualquiera sintiera emociones como preocupación, fatiga, tristeza y hasta desesperación. No sabemos (y no pretenderemos saber) cada detalle minúsculo de su historia, ya que solo fue él quien percibió y experimentó cada instante en pensamiento y emoción.

Si nos adelantamos un poco hasta su futuro, nos daremos cuenta de que estos desafortunados sucesos en su vida no le disuadieron de tener éxito en su carrera. Se convirtió en una de las más exitosas y destacadas personalidades que conocemos hoy en día, ciertamente puede enseñarnos la importancia de utilizar nuestras emociones y darles la vuelta.

¿Cómo Puedes Utilizar las Emociones en general?

Una cosa que podemos tomar de Dale es que se haya orientado hacia sus objetivos. Así, en esta sección de nuestro eBook, dejado es descubrir más sobre las maneras constructivas por qué eres capaz de Utilizar Emociones – vuestros y aquellos de otros – para conseguir un objetivo de conjunto.

1. *Usar las emociones para llegar a la toma de decisiones.*

Ante todo, las emociones son bastante potentes para obligarnos a la acción. Muchas personas viven con la creencia equivocada de que todas sus elecciones son el resultado del análisis racional de todas sus opciones disponibles. En verdad, aun así, las personas tendrían que ser lo suficientemente maduras para aceptar que las emociones influyen con fuerza en sus clccciones, y en situaciones seguras, incluso afectar sus decisiones. Y, como tu objetivo es ser capaz de tomar la mejor decisión, tienes que tomar tus emociones (y las de los demás) en cuenta.

En la Universidad del Sur de California, hay un profesor de Neurociencia, llamado Antonio Damaso, que escribió un libro titulado *"Descartes Error".* En este libro, da un argumento y dice que *"la emoción es un ingrediente necesario en casi todas las decisiones".*[xi]

Siempre que confrontamos una decisión, estamos en confrontándonos con emociones que provienen de una experiencia anterior. En cambio, estas experiencias fijan un valor seguro a las alternativas que, de hecho, estamos considerando.

La mayoría de sus estudios estuvieron basados en personas cuyas conexiones entre su pensamiento y los centros emocionales del cerebro parecían haber sufrido de algún daño. Así, estas personas eran capaces de pensar racionalmente y de procesar la información que tuvieron sobre sus elecciones alternativas de manera racional, pero eran incapaces de hacer estas decisiones porque carecieron de cualquier sentido emocional sobre cómo ellos en verdad se sentían con estas opciones.

2. *Ser consciente de la tendencia del 'consumo emocional'.*

Debido al rol que juega la emoción en el comportamiento del consumidor, se pueden utilizar las emociones para aumentar y mejorar las ventas. Como <u>tu objetivo es ser capaz de vender y para hacer que el consumidor compre</u>, es importante de apelar a las humanas. Esto es exactamente por lo que hay mucho marketing y esquemas publicitarios sobre cómo capitalizar la tendencia del consumo emocional.

Investigaciones publicitarias revelan que la respuesta emocional de un consumidor a los anuncio ejerce una influencia más fuerte en sus hábitos de consumo, más que el mismo contenido del anuncio. Basándose en la investigación hecha por Advertising Research Foundation, es la emoción relacionada con lo social de la "gustabilidad" lo que pasa para ser el factor más predictivo que determina si un anuncio tiene el potencial para aumentar las ventas de la marca o no.

En sintonía con las preferencias que afectan nuestras elecciones de consumo, hay asociaciones emocionales que influencian nuestra decisión. Por ejemplo, si asocias una cadena de comida rápida en particular con la idea de vinculación y momentos familiares, entonces no importa si te gusta la comida o si se te presenta el mismo tipo de comida una y otra vez. Es la asociación con los recuerdos felices lo que te hace volver.

3. *Ser consciente de que las emociones son utilizadas por marcas.*

Además, fMRI neuro-imaginería apoya esta respuesta emocional a las marcas. Los resultados muestran que, al evaluar marcas diferentes, los consumidores usan las emociones más que los hechos e información. En otras palabras, los consumidores utilizan sus sentimientos personales para evaluar una marca, más que los hechos y atributos presentados por una marca. Los estudios también muestran que *"las emociones positivas hacia una marca tienen una influencia más grande en la lealtad del consumidor que la confianza y otros juicios basados en los atributos de una marca".*[xii]

Claramente, un anexo emocional es la razón principal por la que los consumidores generalmente preferirían un producto marca-nombre. Esto explica por qué, incluso si hay ya marcas de tienda y productos genéricos qué podemos comprar a un precio más barato, todavía decidimos ir y pagar más por una marca de renombre.

Porque esa marca de renombre ha establecido una conexión emocional con el consumidor, lo que le otorga más poder, no sólo en la mente del consumidor sino también en el mercado. A pesar de que el nombre de la marca existe sólo como la representación mental de un producto particular, es la emoción enlazada la cual hace la diferencia. Cuándo los enlaces emocionales están ausentes lo más probable es que haya muy poca o ninguna preferencia del consumidor, así como acción.

Cuándo <u>el objetivo es ser capaz de hacer despegar una marca para vender y ganar dinero,</u> un publicista listo utilizaría técnicas tanto racionales y emocionales. Así, como consumidor, notarías que la venta de productos comerciales ha devenido a ser no sólo informativa sino también emocionalmente rica. Además de presentar los atributos de los productos, también están mejorando en eso de tocar los sentimientos de los clientes. Después de todo, mientras más fuerte y más rica sea la emoción de un producto, hace que sean más fuertes los lazos que este producto o esta marca tenga con el consumidor el cual le será leal a estos.

4. *Guarda un poco de personalidad para hacerte atractivo.*

Además, la mayoría de las agencias de publicidad ahora están atentas a cómo se comercializa una marca en particular. Además de la apariencia externa y el embalaje físico en sí, también hay un toque adicional de personalidad y popularidad.

Con los objetos así como con las personas, parte del objetivo es poder atraer el interés y parecer atractivo. Teniendo en cuenta que la atracción por la personalidad y la popularidad son tendencias que son más emocionales y menos racionales.

Por ejemplo, en tu vida últimamente, ¿qué anuncios de medios te han resonado más? ¿No son aquellos que recuerdas como más ingeniosos, interesantes y divertidos? ¿No son aquellos que se han vuelto más populares simplemente porque otras personas también los encuentran inteligentes y divertidos?

En lo que respecta a la personalidad, ya que las atracciones se basan más en las emociones, los expertos en marketing seguirán empaquetando más golpes al capitalizar la selección de palabras, las imágenes visuales y, por supuesto, el humor y el ingenio.

Bien, volviendo a nuestro ejemplo: una cosa que sabemos sobre Dale es que él sabía el valor de la personalidad. Desde que era estudiante de secundaria, siempre había soñado con ser profesor y orador público. Después de haber sido profundamente impresionado por un orador del movimiento, se inspiró a pensar en una vida diferente, aparte de la agricultura.

Al haberse "empaquetado" a sí mismo como actor en una etapa de su vida, y no tener mucho éxito en ello, tuvo que aceptar el fracaso y retirarse de la actuación. Desempleado y al borde de la quiebra, Dale regresó a Nueva York de una producción y aplicó para ser un profesor en el YMCA.

Irónicamente, en su primera sesión, tuvo un problema: se le había agotado el material de clases. Así que, ¿qué hizo? En lugar de resignarse y entrar en pánico, como hace la mayoría de la gente, improvisó. Confiando en que podría hacerlo, les pidió a sus alumnos que hablaran sobre algo que los hacía enojar a cada uno, y así la clase pudo continuar.

En resumen, fue capaz de percibir las necesidades de su clase, hizo que se abrieran sobre sus sentimientos y utilizó la emoción de la rabia para motivarlos a hablar de sus problemas personales y en el proceso, les ayudó a hablar en público.

5. *Usar las emociones apelando a las "emociones centrales"*

La conclusión es que hay "emociones centrales" que atraen más a las personas. Use estas emociones y es muy probable que desencadene una respuesta. Debido a que tu objetivo <u>es poder obtener una respuesta positiva de la otra persona</u>, debes tener en cuenta las emociones más básicas y simples que afectan a las personas.

En cuanto cuáles son estas EMOCIONES PRINCIPALES, incluyen la felicidad, la tristeza, el miedo, la sorpresa y la rabia. (Por cierto, tocar el tema de la rabia funcionó en el caso de Dale, ¿no es así? Por lo tanto, la ira no siempre es tan mala como nos llevan a creer, pero solo si la usas como un motivador positivo).

Entonces, ¿cómo se usan las emociones centrales? Si nos dirigimos al comercio, por ejemplo, la principal preocupación sería hacer feliz al cliente. Por lo tanto, el enfoque más común es publicar un montón de caras felices y sonrientes de amigos o clientes. Otro enfoque sería presentar una historia triste y desgarradora y luego seguir con un producto o servicio que alivie ese sentimiento. Así es como la mayoría de las compañías relacionadas con la medicina y la caridad obtienen a sus seguidores.

Debido a que el miedo también puede ser un motivador poderoso, nos impulsan a asegurar nuestro hogar, a asegurar a nuestra persona, a dejar de fumar y permanecer dentro del límite de velocidad debido al temor que provocan en nosotros. Por último, la ira puede ser un motivador tan fuerte, que nos obliga a hablar en contra de las malas acciones y nos incita a pensar y actuar por el cambio.

¿Cómo Usar Tus Emociones Te Ayuda Personalmente?

En este punto, ya sabemos cómo el uso de las emociones se está aplicando en el mundo más grande que existe. Sin embargo, personalmente, ¿sabes cómo puedes usar las emociones para lograr tus propios objetivos?

Por ejemplo, tu objetivo podría ser tomar mejores decisiones personales. También podría ser para comunicarte mejor con otras personas. Sean cuales sean tus objetivos personales, simplemente no puedes confiar en meros sentimientos o reacciones impulsivas. Tienes que considerar tus emociones como herramientas valiosas y darles un buen uso de la siguiente manera:

1. *Usar las emociones para promover el pensamiento racional y la actividad cognitiva.*

   En sintonía con el razonamiento a través de las emociones, una persona con un alto nivel de Inteligencia Emociona puede usar sus emociones para poder salir de una situación difícil, pensándolo bien y encontrando una solución. Como ya explicamos en la sección previa, usar emociones puede ser crucial en la resolución de problemas y la toma de decisiones.

2. *Usar las emociones para negociar a tu favor.*

Cuando estás en medio de una negociación, hay emociones críticas que entran en juego. Estas emociones incluyen ansiedad, excitación, sospecha, envidia, ira, felicidad, tristeza e incluso decepción y arrepentimiento.

Dado que los seres humanos son, por naturaleza, tanto emocionales como racionales, somos capaces de usar nuestras emociones racionalmente si tenemos alta inteligencia emocional. El uso de las emociones ocurre: primero, sobre lo que sentimos antes de una negociación; segundo, sobre cómo nos sentimos y qué emociones expresamos durante la negociación; y tercero, sobre lo que sentimos después de que se haya hecho toda la negociación.

Recuerda que algunas negociaciones pueden ser fluidas y fáciles, mientras que otras pueden ser tensas y muy cargadas. Esto se debe a que tratarás, no solo con las emociones, sino también con las personas.

Por lo tanto, es importante utilizar las emociones para negociar en tu beneficio y ganar en una situación. La forma en que percibimos, entendemos, usamos y, en última instancia, gestionamos nuestras emociones será fundamental para nuestro éxito en este ámbito.

3. *Usar las emociones para facilitar las conversaciones.*

Ten en cuenta que todas las emociones que mencionamos en el artículo número 2 (es decir, la negociación), de nuevo, entrarán en juego cuando te comuniques con las personas.

Si intentas conversar con otra persona pero estás en un estado tan emocional, entonces, dependiendo de cómo te sientas, tu tono podría ser amistoso y complaciente, ansioso y preocupado, o enojado e intimidante. Esto a su vez, podría desencadenar una reacción correspondiente en tu oyente / receptor.

Por lo tanto, lo que debes recordar es que: Ya sea que tu conversación se relacione con negocios o relaciones interpersonales, la clave es usar tus emociones de manera cuidadosa y estratégica. Examinemos cómo funcionan las emociones en el entorno empresarial.

En cuanto a cómo funcionan estas emociones, este es el trato: si comienzas a comunicarte en una posición de enojo, ya empiezas a perder el equilibrio. Es cierto que la ira puede ser poderosa, pero también puede provocar que seas terco e irracional, ¡y sin duda esto provocará a otros!

De manera similar, la preocupación, el nerviosismo y la ansiedad no lo ponen en una posición de fuerza. Desde el principio, ya debilitan tu posición al permitirte dudar y hacerte una segunda opinión.

¿Qué pasa con la emoción y la felicidad? Si está demasiado entusiasmado con un acuerdo comercial, entonces puede ser descuidado e imprudente en sus decisiones. Al apresurarse a tomar una decisión, tiende a perderse los detalles pequeños pero importantes, y se conforma con el siguiente mejor resultado.

De manera similar, si está muy contento con el resultado de un acuerdo comercial, entonces podría dejarse llevar y ejercer demasiado de sus derechos de fanfarronear. Como resultado, la otra parte podría sentirse usada, y por lo tanto, enojada e irritada. Al sentir que los colocas sobre ellos, se sentirán aprovechados y manipulados.

Sin embargo, si eres genuino y sincero acerca de tu felicidad, ambas partes sentirán que se han beneficiado de la negociación, y la otra parte se siente justificada de que tienen todas las razones para ser felices, tanto como tú.

Cuando se trate de decepciones y arrepentimientos, toma nota de que eres tú, como individuo más emocionalmente maduro, quien puede amortiguar el golpe para la otra parte. Por ejemplo, si la otra persona expresa su decepción por el resultado de un acuerdo comercial, aprovecha esta oportunidad para examinar sus acciones y evaluar si hizo lo correcto.

Desafortunadamente, si usted y la otra persona experimentan que se arrepienten de haber negociado el uno con el otro en un mal negocio, entonces se ha convertido en una situación de pérdida-pérdida. Use esto como una lección aprendida sobre cómo puede reducir las posibilidades de estar en la misma situación y cómo puede evitar la incomodidad de sentirse arrepentido la próxima vez.

4. *Usar as emociones para ayudar a darle prioridad a tareas en el trabajo y en el hogar.*

Son nuestras emociones las que nos ayudan a priorizar las cosas a las que prestamos atención y a las que reaccionamos primero. Esas cosas por las que tenemos una fuerte respuesta emocional son las que se convierten en las más urgentes y más importantes para nosotros. Lo más importante en nuestro corazón y en nuestra mente, serán los que obtendrán gran parte de nuestro tiempo, enfoque y atención.

Sin embargo, si nos emocionamos demasiado con estas tareas, pueden distorsionar nuestro pensamiento y nublar nuestro juicio. Por ejemplo, si somos demasiado emocionales con las cosas que suceden en el lugar de trabajo, entonces estaremos constantemente insatisfechos con nuestro trabajo. De la misma manera, si nos emocionamos demasiado en el plano de una relación, entonces podemos obsesionarnos demasiado con la otra persona e invertir emocionalmente en la relación, ninguno de los cuales es saludable o útil en absoluto.

Por lo tanto, tenemos que encontrar un equilibrio entre lo racional y lo emocional. Los expertos también nos recomendarían que desarrollemos un sistema estable de ENTRADA EMOCIONAL, de modo que podamos dirigir el pensamiento hacia aquellos asuntos que son verdaderamente urgentes e importantes.

5. *Usar las emociones para desarrollar el talento y la creatividad.*

Por la mejor parte, seguramente puedes usar las emociones como un medio para que ciertos tipos de creatividad emerjan dentro de ti. Puedes usar tus emociones internas como inspiración para crear artes, música y literatura.

Por tus propios sentimientos de felicidad o tristeza, estos pueden provocar una racha artística en ti. Por ejemplo, si te sientes triste, puedes canalizar las emociones negativas que lo acompañan, como la soledad, la miseria y la desesperación hacia otras más positivas y constructivas, como la alegría y la esperanza.

Dependiendo del talento o habilidad que descubras dentro de ti, tu medio de salida puede ser escribir un poema, crear una canción, componer música o crear un boceto o una pintura.

Así que eso es todo. Hemos pintado la idea de utilizar tus emociones de una manera diferente, más positiva. Usar tus emociones no siempre tiene que ser sobre el trabajo desastroso de maquinar y manipular todo para lograr un fin. Como hemos resumido, también puede tratarse de usar las emociones correctas para promover el pensamiento racional, para comunicarse y negociar en las relaciones, para priorizar las tareas en el hogar y en el trabajo, y para inspirar la creatividad dentro de ti.

Capítulo 4: entender las emociones

Sobre la base de la comprensión de las emociones, ahora sabemos que los sentimientos tienen un propósito y hay una razón detrás de ellos. Del mismo modo, también hay un lugar adecuado para expresar nuestras emociones y sincronizar nuestras respuestas.

A pesar de nuestras emociones y de acuerdo con la forma en que las reiniciamos, podemos cambiar el resultado de nuestras relaciones. Como resultado, cuanto más claras se entienden estas emociones, más armoniosas se vuelven nuestras relaciones.

Dale y su entendimiento de las emociones humanas

Como mentor y conferencista, Dale comprendió uno de los mayores temores de los seres humanos, y ese es el temor de hablar en público. De hecho, hay una foto de él, sosteniendo el brazo de una estudiante nerviosa mientras ella luchaba por hablar a través de un micrófono frente a una audiencia.

Entendía a la gente y tenía una buena comprensión de las emociones, de modo que sus escritos de la década de 1930 todavía son aplicables hoy, más de 80 años después. Hasta esta generación actual, es más famoso como recordado y venerado como el renombrado escritor, profesor de autoayuda y desarrollador de cursos de oratoria y superación personal, no solo Dale Carnegie.

Además, dado que Dale Carnegie comprendió que uno de los principales contratiempos de las personas era la preocupación, debería animar a la gente a hablar sobre su preocupación y luego a construir su autoestima.

En su libro, *"Cómo dejar de preocuparse y cómo comenzar a vivir"* (1948), invitó a las personas a tomar medidas contra la preocupación y el estrés en sus vidas. Con sus treinta principios en la vida que han demostrado ser muy efectivos para la mayoría de las personas, sus libros se venden por millones y en diferentes idiomas.

Antes, ya había publicado otro libro de cuatro partes titulado *"Cómo ganar amigos e influenciar a las personas"* (1936). Diseñado para mejorar tus habilidades comunicacionales profesionales e interpersonales, sus cuatro partes son las siguientes:

1. Parte Uno: técnicas fundamentales para manejar a las personas.

2. Parte Dos: seis maneras de hacer que a las personas les gustes.

3. Parte Tres: cómo ganarse a las personas con tu manera de pensar.

4. Parte Cuatro: ser un líder – cómo cambiar a las personas sin ser ofensivo o causar resentimiento.

En resumidas cuentas, la idea central de todos sus libros y todos sus cursos es que es posible cambiar la conducta de los demás hacia ti y cambiar tu propia conducta hacia ellos. En este punto de nuestro estudio del Entendimiento de las emociones, esto tiene mucho sentido, ¿verdad?

¿Por qué las emociones necesitan ser comprendidas correctamente?

Cuando decimos que "entendemos", ¿en verdad lo hacemos?, ¿De verdad sentimos lo que la otra persona necesita entender correctamente?

Si entender las emociones se convierte en nuestro calvario, entonces aquí tenemos algunas razones por las que debemos desarrollar esta habilidad y darle importancia a ello.

1. *Para entender a las personas y de dónde vienen.*

Las emociones no vienen de la nada. Hay una fuente y una razón detrás de ello. Pero de nuevo, para mejorar a la hora de entender la verdadera fuente de las emociones de los demás, primero tienes que convertirte en experto en entender tus propias emociones. Solo entonces sabrás de dónde vienen.

Como regla básica: es importante estar en sintonía con tus propios sentimientos, antes de siquiera pensar en estar en sintonía con los sentimientos de los otros. No hay otra forma, no hay atajos.

2. *Estar en la misma página que el estado emocional de otra persona.*

Antes de poder apreciar el estado emocional de otra persona, sería difícil para nosotros descifrar la causa de sus emociones y el significado detrás de ello. Seguimos sufriendo las consecuencias de estas emociones sin realmente entender por qué.

Volviendo al tema de la ira, por ejemplo, ya hemos identificado la emoción como tal. Si tomamos un paso más adelante para analizar el motivo detrás de la ira es que la persona siente que está siendo tratada injustamente, entonces deberíamos tener una idea más clara de las posibles acciones a tomar.

Adelantándonos a nosotros mismo a la hora de manejar emociones, algunas de las posibles acciones que debemos anticipar son: primero, debido a una ira incontrolable, la otra persona puede atacar y descargar su furia. También podrían planear su venganza en silencio, para cobrarse el maltrato. Otra cosa que podría pasar es que podrían alejarse de ti y activamente evadir tu presencia, para restaurar su calma. Por último y esta sería la reacción más emocionalmente inteligente, pueden ser receptivos a tus intentos de hacer la paz y comprenderte.

3. *Tener una dirección hacia la que dirigir tus siguientes acciones*

Seamos honestos: cuando enfrentamos emociones negativas, la mayoría de las personas ignorarán estas emociones o se encontrarán con ellas más tarde. De cualquier forma, es entonces que el daño es causado.

Muy pocos se detienen a pensar en lo que en verdad está pasando y cuál debería ser su respuesta. Es más, solo reaccionan por impulso.

Aun así, a no ser que intentemos entender cuáles son estos sentimientos negativos y de donde vienen, estamos perdidos. Sería como viajar por un terreno desconocido y complicado, sin un GPS para guiarnos y darnos indicaciones. Por supuesto, acabaremos llegando a algún sitio, pero por lo general no estará ni cerca de mejorar nuestra relación o resolver un problema.

4. *Para prevenir una emoción persistente que no se ha resuelto por completo.*

Y aquí, a menudo nos preguntamos por qué los problemas de las relaciones se repiten una y otra vez... Por lo general, es porque la otra persona nunca reconoció una emoción inicial, por lo tanto, dejando una "herida" abierta y áspera. En las relaciones personales, este sentimiento persistente generalmente se manifiesta como el hábito demasiado común de la negatividad, la insistencia y la búsqueda de fallas.

En primer lugar, si la otra persona hubiera sentido que su emoción se había comprendido por completo, entonces se habría alcanzado una resolución, o en otras palabras, un cierre. Se podrían haber tomado medidas correctivas y se habría restablecido una paz duradera.

¿Cómo evitas malinterpretar una emoción?

Hemos visto la cantidad de problemas que nos ahorra al interpretar correctamente una emoción. Pero ¿y si a menudo sucede que eres rápido para malinterpretar y sacar conclusiones? ¿Cómo evitas activamente el conflicto que viene de malinterpretar una emoción?

A continuación, te daremos 6 consejos sobre cómo puedes evitar malinterpretar tus propias emociones y las de otros:

1. *Piensa antes de etiquetar una emoción*

   Cada emoción tiene un nombre. Si confundes una emoción (propia o ajena) y la entiendes como otra diferente, entonces ocurre una malinterpretación de la emoción.

A veces, aunque no sea tu culpa, esto ocurre cuando otra persona enmascara y suprime sus propias emociones. Ocultando y extrayéndola de si, se queda con sus propios medios tratando de entender la emoción real.

2. *Trata de no involucrarse en el juego de la lectura de mentes.*

La experiencia te dirá que, si no eres bueno leyendo mentes, no deberías involucrarte en eso. No ganarás nada al torturarte emocionalmente de manera irracional con pensamientos que no tienen basamentos y ni siquiera son ciertos.

Así es como funciona la lectura de menta, para tu infortunio. Repite: *"Hay personas que me están ignorando, piensan que aburro"* o, *"Solíamos hablar mucho, ahora, no le intereso".*

3. *Aumenta tu vocabulario emocional.*

Algo bueno es expandir tu VOCABULARIO EMOCIONAL. Como ya sabes que existen muchas categorías emocionales, no debes limitarte a nociones preconcebidas de lo que podría ser una emoción cuando, de hecho, es lo que es. Por ejemplo, no debes quedarte estancado pensando que si otra persona está molesta contigo cuando, de hecho, se siente lastimada por cómo le trataste.

4. *Comienza a ver lo que hay en el medio.*

Si sigues pensando que todo es blanco o negro, a menudo verás las cosas (hasta las emociones ajenas) en sus absolutos extremos. En la vida real, hay gradaciones de emociones y diversos matices para ellas, incluso gris.

De hecho, es esta manera de aproximarse a las emociones como un todo-o-nada que podría causarte mucha infelicidad. Por ejemplo, no llegarás a ningún lugar con una relación si sigues con la terca creencia de que "*si no me ama, entonces me odia*". O, "*si esta persona no está atraída hacia mí, entonces no hay nada bueno en mí*". Este es el tipo de pensamientos negativos que te deja con muy pocas opciones en la vida o ninguna.

5. Evita sobre-generalizar la situación en la que te encuentras

En sintonía con el artículo número 4, aquí te explicamos cómo puede arruinar tus posibilidades sentir que ocurre un evento desagradable todo el tiempo o que te volverá a suceder en un ciclo sin fin.

En caso de que lo hayas escuchado antes, este círculo vicioso de diálogo interno negativo suena algo así: *"Si no tengo éxito en esta empresa comercial, entonces soy un fracaso total en los negocios"*. O, *"Si no puedo hacer que este matrimonio funcione, entonces la vida matrimonial no es para mí"*.

En un día cualquiera, también podría repetirse de la siguiente manera: *"Hoy estoy muy descontento; mi vida es tan deprimente"*. Recuerda que, cuanto más generalizas más, más distorsionas tu realidad.

6. *Como siempre, es bueno tomarse pausas.*

Es más fácil decirlo que hacerlo, esto significa pensar antes de hablar. Sin embargo, recuerde que una de las cosas más difíciles de deshacer son las palabras que ya ha dicho.

Por lo tanto, si estás consciente de que estás experimentando una emoción muy fuerte (por ejemplo, los celos), tómate un momento y haz una pausa por unos pocos segundos. Recupera la compostura al disminuir la velocidad de la respiración hasta que recuperes la calma.

No se detiene allí. Identifica la profundidad de tu emoción y las palabras que la describirían. Por lo general, literalmente puedes excavar una emoción más profunda detrás de ella, y esta es la que deberías abordar.

Por ejemplo, debajo de un violento arrebato de celos que esperan que ocurra, podría haber una persistente sensación de inseguridad que podría aflorar, después de estar escondido en lo profundo de ti.

Al final, siéntete mejor con la idea de que te ahorras los problemas de toda una vida interpretando las emociones correctamente. Lograrás el resultado que deseas, como más éxito en el trabajo y relaciones más felices.

Y si malinterpretas las emociones incorrectamente, y esto sucede de vez en cuando, entonces no seas demasiado duro contigo mismo. Todavía estás en el proceso de crecer emocionalmente y ser más emocionalmente inteligente. Pero hasta ahora, todo bien, porque una habilidad muy mejorada para percibir emociones, usar emociones y comprender emociones ya habrá apoyado tu crecimiento personal.

Capítulo 5: manejar las emociones

El manejo de las emociones resume el cuarto elemento del modelo de habilidades. Como una capacidad, la GESTIÓN EMOCIONAL significa regular las emociones para el crecimiento personal y social.

Nos beneficiamos de nuestras emociones cuando transformamos los sentimientos negativos en sentimientos positivos que nos ayudan a aprender y crecer más como personas. A medida que aprendemos a manejar nuestras propias emociones, no solo nos hacemos responsables de nuestros propios sentimientos, sino que también somos responsables de nuestra propia salud, felicidad y éxito.

Dale y cómo manejó sus propias emociones

Volviendo a la historia de Dale Carnegie, no es que tuviera la vida perfecta o un conjunto de emociones impecable. De hecho, sorprendería a mucha gente saber que una vez se divorció y se casó dos veces.

Este supuesto fracaso en su relación matrimonial, sin embargo, no le impidió tener éxito en otros aspectos de su vida. No le impidió volver a casarse y tener una hija.

Tampoco todos sus libros fueron los más vendidos, porque no tuvo tanto éxito como novelista. Pero, a pesar de todo, a lo largo de toda su vida, siguió escribiendo libros de autoayuda, dando cursos e inspirando a las personas a superar sus miedos.

Por lo tanto, tan imperfecto como era su historia de vida, fue capaz de manejar sus propias emociones y las emociones de los demás para lograr un objetivo mucho más alto. Hoy en día, cuando está aquí la marca, "Dale Carnegie", esto le hace recordar automáticamente toda una gama de logros como habilidades de liderazgo, capacitación gerencial, oratoria pública y superación personal, entre otros.

¿Eres capaz de manejar tus emociones?

Muchas personas viven bajo la impresión de que "manejar sus emociones" significa suprimirlas, incluso reprimirlas. Por lo tanto, pasan por la vida ignorando sus propios sentimientos e ignorando también los de los demás.

Cuando le enseñan a "manejar sus emociones", aprende a reconocer sus sentimientos iniciales y ser consciente de ellos. A través del tiempo y con la práctica, aprendes a controlar tus emociones y estás a cargo de ellas.

Entonces, ¿qué sucede exactamente entre el momento en que te das cuenta de tus sentimientos iniciales y aprendes a controlarlos? ¿Existe un patrón establecido para manejar sus emociones y el proceso es el mismo para todos?

Durante muchas décadas, los psicólogos han estado analizando cómo las personas pueden controlar sus emociones con éxito, especialmente en situaciones estresantes. Este es un tema muy interesante para estudiar porque, si somos capaces de ayudar a las personas sanas a controlar sus propias emociones, entonces podríamos mejorar la condición de quienes sufren depresiones y ataques de ansiedad.

Como se publicó en la revista Psychological Science, una nueva investigación muestra que *"regular con éxito nuestras emociones no es un esfuerzo de talla única. Más bien, implica llevar la estrategia de regulación emocional correcta para la situación. En pocas palabras, los diferentes contextos emocionales requieren diferentes procesos de regulación".*

Lo que esto significa básicamente es que las personas pueden y son capaces de regular sus emociones de manera única y diferente. La ESTRATEGIA DE REGULACIÓN EMOCIONAL que funciona para una no necesariamente funciona para otra, por lo que debe diseñar una estrategia que funcione mejor para usted, es decir, no para cada situación, pero en el contexto de la situación particular en la que se encuentra.

En algunas investigaciones, esto es lo que se conoce como AGILIDAD EMOCIONAL o FLEXIBILIDAD EMOCIONAL. Esto significa usar la "estrategia de regulación emocional" más adecuada para igualar la intensidad de una situación emocionalmente estresante.

Así que, al reanudar nuestra discusión sobre las "estrategias de regulación emocional", hay varias maneras en que los procesos de su cerebro pueden regular la información emocional que está llegando.

Por ejemplo, una sería la *"estrategia de distracción"*. Esta estrategia funciona al desconectarte de las emociones negativas y al producir pensamientos neutrales y distraídos que pueden ayudarte a enfrentarte. Cuando piensas estos pensamientos, no estás escapando de la realidad o ignorando el problema. Simplemente estás impidiendo que tus reacciones emocionales sean demasiado fuertes y bombardeen tu mente.

Es un viernes, por ejemplo, y sabes que para el lunes, se hará la selección final de quién será ascendido. Eres uno de los dos posibles candidatos que encabezan la lista. Deseas mucho la promoción y has hecho todo lo posible para merecer el lugar. ¿Qué harías? ¿Pensarías en este pensamiento durante todo el fin de semana? ¿Dejarías que este ansioso pensamiento te afecte?

Si va a utilizar la *"estrategia de distracción"*, tratarás de desconectarte de este pensamiento relacionado con el trabajo, incluso durante el fin de semana. Pensarías en pasar tiempo con tu familia y amigos. No significa que no te importe la promoción. Es solo que te estás ahorrando más estrés indebido y liberando tiempo para tus otras prioridades.

Otra estrategia que puede aplicar es la *"estrategia de reevaluación"*. Esta estrategia significa reevaluar o volver a procesar la información emocional de tal manera que reduzca su impacto negativo. Estás jugando para tu equipo de baloncesto, por ejemplo, y tu equipo ha llegado a la final. Cerca del final de un juego decisivo, te pierdes una oportunidad crucial de tres puntos. Podrías culparte a ti mismo una y otra vez por perder ese disparo (y también a los demás) hasta el punto de estar tan molesto.

¿Pero que más puedes hacer? Una vez que todo está terminado, no hay nada que puedas hacer sino reevaluar toda la situación. Mira dónde has fallado y dónde estaba tu debilidad; y luego fortalecer esa habilidad.

Usando la "estrategia de reevaluación", piense en las muchas veces que practicó largo y duro y casi siempre hizo ese tiro. Piensa en cómo fuiste el mejor jugador que hizo ese tiro, dado tu historial y tu posición; pero te perdiste de todos modos De esta manera, no estás inventando excusas por la falta que hiciste, sino que más bien te mereces más crédito por haber disparado tantas otras veces y en tantos otros juegos. ¿Consíguelo?

Incluso con estas estrategias, seguramente, de vez en cuando, la emoción negativa seguirá afectándote, pero ahora sabes cómo lidiar con la emoción y reducir el costo en ti. Al final, te recuperas de la situación y te recuperas. De eso se trata la agilidad emocional.

¿Seremos EMOCIONALMENTE FLEXIBLES todos nuestros problemas emocionales, dado que las personas varían individualmente en su "flexibilidad emocional" y en el rango de "estrategias de regulación emocional" que pueden usar? Bueno, aunque los psicólogos no consideran la AGILIDAD EMOCIONAL como un predictor a largo plazo para la salud emocional, simplemente porque es una variable (es decir, cambia), los hallazgos sugieren que es una clave importante para el bienestar emocional.

¿Cómo te beneficias al manejar tus emociones?

Manejar las emociones es el cuarto y último elemento en el desarrollo de la Inteligencia Emocional. Debido a que es en esta etapa de su desarrollo emocional que tiene el mayor control sobre sus emociones y el resultado de la situación, esta es quizás la etapa más crítica de su crecimiento.

Definitivamente, el mayor beneficio que obtendrá al manejar sus emociones sería su propio CRECIMIENTO PERSONAL. Como ha crecido, ya no es la misma persona que solía ser, como, por ejemplo, alguien que siempre está enojado, preocupado o deprimido; o alguien que a menudo está en medio de un conflicto y es difícil llevarse bien con él.

Para detallar todos los beneficios posibles que puede obtener al ser alguien que autorregula y administra sus emociones, aquí se encuentra:

1. Cuando aprendes a manejar mejor tus emociones, te abstienes de exhibir los siguientes síntomas que vienen con tu falta de control:

   - Ira intensa y desaforada

- Abuso de sustancias, fumar o beber

- Relaciones personales inestables

- Cambios de humor extremos e impredecibles

- Ansiedad y depresión

- Conducta dependiente

- Tendencias suicidas

- Miedo al abandono

- Baja autoestima

- Falta de confianza en sí mismo

- Aburrimiento o fatiga crónica

2. Además, cuando reganas el control sobre tus emociones, comienzas a reconstruir tu imagen de ti mismo y a darte cuenta de tu valor. Tienes más confianza y eres más seguro de ti mismo.

3. Te conviertes en alguien que no se enoja fácil. Con tu habilidad para controlar la ira, eres menos propenso a decir y/o hacer cosas hirientes o desubicadas que no puedan ser enmendadas después.

4. Como hay un balance más sano entre tu ser racional y tu ser emocional, comienzas a sentir una sensación de realización.

5. Como resultado de ser más emocionalmente inteligente, te vuelves mejor a la hora de resolver problemas y tomar decisiones.

6. Estás equipado con más "estrategias de regulación emocional" para sobrellevar el estrés de la vida. Te vuelves más flexible emocionalmente.

7. Como eres capaz de manejar conflictos de manera más efectiva. Eres más inteligente a la hora de lidiar con personas e influenciarlas hacia tu forma de pensar. Trabajando juntas, eres capaz de alcanzar una meta mayor.

8. Ya no vas por la vida pensando que tu situación actual escapa de tu alcance. Cómo crees más firmemente que tienes control sobre tus emociones y estás a cargo de tu

vida, eres capaz de elevarte de tus circunstancias y vivir tu vida con intención y propósito.

Capítulo 6: el crecimiento a través del modelo de capacidades

Una por una, pasamos por las cuatro áreas del Modelo de Habilidad como si fueran etapas en nuestra vida. Es cierto porque hay muchas fases diferentes a las que se someten nuestras RESPUESTAS EMOCIONALES antes de que puedan evolucionar hacia otras más inteligentes y maduras.

En este próximo capítulo, discutiremos más sobre la IE y la EQ. La IE o la INTELIGENCIA EMOCIONAL es una habilidad y una conciencia que nos permite percibir, usar, comprender y gestionar las emociones, mientras que la EQ o el COCIENTE EMOCIONAL es una medida de esa Inteligencia Emocional.

¿Se puede desarrollar la inteligencia emocional?

Cuando hablamos de Inteligencia Emocional, primero debemos ser conscientes de que se trata de una ciencia relativamente joven, de la que está surgiendo nueva evidencia. Sin embargo, a través de los años, es una ciencia que ha crecido, y junto con ella, el potencial de crecimiento personal mediante el desarrollo de una alta IE también se ha vuelto más prometedor.

Lo importante sobre el desarrollo de la IE es que: No estamos permanentemente ligados a lo que tenemos, o con lo que nacemos; Hay espacio para crecer. Y como estamos obligados a descubrir en nuestra discusión del Modelo de Habilidad, podemos mejorar en la IE y podemos aumentar nuestro EQ.

Nuevos hallazgos cerebrales que lo prueban

En el campo de la neuropsicología, estudios recientes revelan que el cerebro humano tiene una característica notable conocida como PLASTICIDAD (o Neuro-plasticidad)".

Esta característica específica implica que el cerebro es MALLEABLE, lo que significa que tiene la capacidad de crecer y desarrollar nuevas conexiones que conducen a nuevas vías. Sorprendentemente, la mayoría de los científicos piensan que una sola neurona (o célula nerviosa) en el cerebro es capaz de hacer crecer una red de 15,000 conexiones con células vecinas. Solo imagina eso.

El problema es que a medida que las neuronas desarrollan más conexiones nuevas, se vuelve más fácil y más rápido que adquieras nuevas habilidades. Por lo tanto, si continúas entrenando a tu cerebro para que se vuelva más hábil emocionalmente a través de la práctica y la repetición, estas nuevas habilidades se convierten en un conjunto de comportamientos que se han reforzado.

En otras palabras, si entrenas tu cerebro para que sea emocionalmente ágil y flexible, a través de la práctica y la repetición, eventualmente, adquieres un nuevo conjunto de comportamientos que son más inteligentes y maduros emocionalmente. Eres capaz de; el Modelo de Habilidad lo dice.

A medida que continúas promoviendo estas nuevas habilidades y comportamientos en tu vida diaria, con el tiempo, se vuelven más permanentes en ti como un nuevo conjunto de HÁBITOS. Mientras tanto, los viejos caminos que han sido menos frecuentados pronto se vuelven inútiles. Esto implica que los comportamientos negativos y destructivos de antaño también desaparecen.

Aunque el crecimiento de nuevas conexiones y vías no se produce de la noche a la mañana, aun así, se beneficia de un cambio que es gradual. Gradual como es el cambio, todavía se traduce en CRECIMIENTO.

Ahora, en cuanto a dónde ocurre este crecimiento, ocurre en las neuronas que alinean el camino entre los centros racionales y emocionales del cerebro. En parte, la comunicación física mejorada entre los centros racionales y emocionales podría explicar por qué hay un aumento en la IE.

Si vamos a rastrear dónde se puede encontrar el camino para la IE, digamos que comienza con el CORDÓN ESPINAL como su origen, y desde allí se conecta y se comunica con el SISTEMA

LIMBICO del cerebro, donde se dice que se generan las emociones.

Ten en cuenta que las sensaciones, como impulsos nerviosos, deben pasar primero a través del Sistema Límbico (el centro emocional) antes de que alcancen la región frontal de tu cerebro (el centro racional). Por lo tanto, todo lo que experimentas se siente primero como una reacción emocional antes de que se pueda procesar en un pensamiento racional.

Ahora que te das cuenta de que las emociones se involucran primero antes de que los pensamientos se activen, lo más inteligente sería controlar tus emociones. Esto se debe a que, interconectados como están tus pensamientos y emociones, idealmente deberían influenciarse mutuamente de manera constructiva.

Estudios científicos reales que lo prueban

Desde que Daniel Goleman introdujo el término "Inteligencia emocional", su popularidad ha provocado varios estudios. Estos estudios han revelado que una alta IE conduce a muchos resultados positivos, como el rendimiento académico, el éxito laboral, las mejores relaciones y una mayor resistencia al estrés. Todos estos resultados son el resultado de que sea más flexible y asertivo en la vida.

Sabiendo cuán importante es la Inteligencia Emocional en nuestra vida, ¿podemos hacer algo para adquirir más? ¿Hay evidencia de que la IE pueda aprenderse y desarrollarse?

En los últimos tiempos, los científicos han estado tratando de resolver esto. En un estudio publicado en la revista, "Personalidad y diferencias individuales", esto fue lo que se descubrió con los científicos cognitivos dirigidos por Delphine Nelis.

En un pequeño estudio piloto sobre la IE, Nelis y sus colegas dividieron a 40 estudiantes universitarios en dos grupos de prueba. La mitad de los estudiantes fueron obligados a asistir a cuatro horas y media de sesión de entrenamiento de técnicas para mejorar la IE; Las sesiones se llevaron a cabo durante un período de cuatro semanas. La otra mitad se saltó el entrenamiento y no se hicieron asistir a las sesiones.

En general, las sesiones de entrenamiento de la IE se diseñaron para aumentar las habilidades de los sujetos en el análisis, la comprensión, la regulación y también la expresión de sus emociones. Cada sesión consistió en una breve conferencia, un ejercicio de rol, y algunas discusiones y lecturas.

Por ejemplo, un ejercicio de juego de roles enfrentaría a dos participantes cara a cara, como si fueran compañeros de trabajo en medio de una discusión. Después de cada interacción, la clase revisó qué tan bien se manejó el desacuerdo. Una vez más, cada par de participantes realizaría el mismo ejercicio e intentaría aplicar una forma más positiva de expresar emociones.

Aplicando la técnica de escritura de diario, también se les pidió a los participantes que escribieran sobre su experiencia emocional, especialmente sobre sus aprendizajes del día.

Ahora, en lo que respecta a ambos grupos, todos los participantes se sometieron a una prueba antes, inmediatamente después, y luego seis meses después de la capacitación. El objetivo de las pruebas fue determinar si alguna vez su IE había mejorado.

Como resultado de las pruebas, los científicos descubrieron que había una mejora significativa en la capacidad de identificar los sentimientos (propios y de los demás) y de manejar las emociones entre los participantes que fueron expuestos al entrenamiento de IE. Estas mejoras se manifestaron, no solo inmediatamente después de la capacitación, sino también medio año después.

En la medida en que el estudio piloto se realizó en un grupo pequeño y homogéneo, lo que los hallazgos parecen sugerir es que podría ser posible mejorar la Inteligencia emocional tanto a corto como a largo plazo. Los investigadores escribieron: *"En general, los resultados son prometedores, ya que sugieren que, con una metodología adecuada basada en los últimos conocimientos científicos sobre las emociones y el procesamiento emocional, se pueden mejorar algunas facetas de la IE, pero no todas".*

¿En qué áreas necesitas mejorar?

Ya que ahora sabes que la Inteligencia Emocional puede, de hecho, desarrollarse, ¿por dónde debería comenzar? Francamente, si no sabes dónde comenzar y qué áreas debes abordar primero, entonces lo mejor sería comenzar con una autoevaluación honesta.

Ejercita la inteligencia emocional – modelo de capacidades

Instrucciones: para cada ítem, escoge la mejor respuesta (A o B) según aplique a tu vida. Sé tan honesto como sea posible.

1) En lo referente a mi estado de ánimo:

A. Noto rápido mis cambios de humor.

B. Rara vez me detengo a analizar cuál es mi estado de ánimo.

2) En mis interacciones con otras personas:

A. Soy bueno notando los sentimientos de las demás personas.

B. Soy indiferente a los sentimientos de los demás.

3) Cuando algo no se siente bien:

A. Soy capaz de notar cuando alguien pone una sonrisa falsa.

B. No soy muy bueno captando señales emocionales.

4) Tomando decisiones importantes:

A. Me siento cómodo siguiendo mi intuición.

B. No dejo que mis emociones afecten mis decisiones.

5) Cuando debo resolver problemas personales:

A. Examino mis propios sentimientos primero.

B. Rara vez me detengo a pensar en mis sentimientos.

6) Cuando no estoy muy seguro de qué hacer:

A. Siempre considero tanto mis pensamientos como mis emociones.

B. Prefiero los pensamientos sobre las emociones siempre.

7) Cuando me enfrento a las emociones de otros:

A. Fácilmente veo cuando alguien está molesto.

B. Se me hace difícil saber si la otra persona está molesta.

8) Cuando hablo de diferentes tipos de emociones.

A. Entiendo que las personas tienen emociones mezcladas.

B. Los sentimientos no deben mezclarse.

9) Qué tan fácil es que cambien las emociones:

A. Anticipo que las emociones pueden cambiar.

B. Las emociones son de la forma que son y no deben cambiar.

10)   Si una situación es incómoda:

A. Trato de mantenerme en contacto con lo que estoy sintiendo.

B. Trato de evadir el tener que lidiar con sentimientos desagradables.

11)   Cuando las cosas se salen de control:

A. Me mantengo clamado bajo presión.

B. Descargo mis emociones en los demás.

12)   Cuando otras personas me piden ayuda:

A. Soy sensible a las necesidades de otros.

B. Se me hace difícil ser empático.

El ejercicio anterior fue diseñado para ayudarte a identificar tus puntos débiles en el Modelo de capacidades, para que puedas comenzar a enfocarte específicamente en estas áreas. Estas áreas son aquellas en las que elegiste la letra "B".

Crédito: esta guía de autoevaluación se basa en el Cuestionario EIQ 16 que se encuentra en el Modelo de IE desarrollado por Mayer, Salovey y Caruso (2002). La prueba cubre cuatro áreas, a saber: Lectura de personas, Uso de las emociones, Comprensión de las emociones y Manejo de las emociones.

Capítulo 7: medidas del modelo de capacidades

En el capítulo anterior, hablamos sobre cómo se puede medir la Inteligencia Emocional (EI) en el contexto de EQ o Cociente Emocional. Por lo general, la ecualización se expresa como una puntuación o un conjunto de puntuaciones, que varían de alta a baja.

Ya que estamos con el tema de las mediciones, brevemente, descubramos los diferentes tipos de medidas utilizadas en el mercado actual y la medida principal utilizada para el Modelo de capacidad.

¿Cómo se miden las capacidades en la IE?

Una prueba basada en la capacidad, la prueba de inteligencia emocional Mayer-Salovey-Caruso (MSCEIT) está diseñada para medir cuatro áreas de la IE. Consistentes con los cuatro elementos del Modelo de Mayer-Salovey, estas áreas incluyen: (1) Reconocimiento de emociones, (2) Uso de emociones para facilitar el pensamiento, (3) Comprensión de emociones y (4) Regulación de emociones.

Para resumir, el MSCEIT consta de 141 elementos de prueba, y demora entre 30 y 45 minutos completarlos. El resultado le proporciona 15 puntajes principales, que se pueden dividir en 1 puntaje total, 2 áreas de puntajes, 4 puntajes de rama y 8 puntajes de tareas. También hay 3 puntajes suplementarios para un total de 18 puntajes en total.

Más que una prueba de inteligencia integrada con EQ, esta prueba cognitiva plantea un conjunto de elementos de resolución de problemas relacionados con las emociones. Formulados en serie, estos elementos verifican su capacidad individual para obtener puntuaciones altas, moderadas o bajas en nuestras cuatro áreas de la IE.

¿Qué otros tipos de medidas se usan?

Además del MSCEIT, que es la medida principal, hay otros tres tipos de medidas usados para medir las capacidades de IE, que son las siguientes:

1. Prueba de reconocimiento y afecto japonesa y caucásica (JACBART)

Esta prueba fue implementada después de una que fue diseñada para medir específicamente las diferencias individuales en términos de Reconocimiento Capacidad Emoción (ERA).

Conocido como JACBART, hizo algunas mejoras en ERA al: primero, usar expresiones faciales que producirían datos más válidos y confiables; segundo, minimizar la percepción cultural mediante el uso de marcadores de dos razas visiblemente diferentes; tercero, asegurar la distribución equitativa en raza y sexo; cuarto, tener elementos representativos de siete emociones universales; y quinto, utilizar un formato que eliminó las imágenes posteriores en pantalla.

2. Análisis diagnóstico de exactitud no verbal (DANVA)

Diseñado por primera vez por los Dres. Stephen Nowicki, Jr. y Marshall Duke (ambos profesores en la Universidad de Emory), el DANVA es una prueba psicológica diseñada para determinar la capacidad de un niño para identificar expresiones faciales. Se considera más preciso en niños de 6 a 10 años.

La prueba consta de cuatro sub-pruebas receptivas (decodificación) y tres sub-pruebas expresivas (codificación), todas las cuales evalúan habilidades no verbales utilizando cuatro sub-escalas. Estas sub-escalas incluyen expresiones faciales, voces o lenguaje, posturas y gestos.

Por ejemplo, el DANVA plantea estímulos de rostros (adultos y niños) en los que cada rostro muestra una de cuatro expresiones emocionales diferentes, a saber: felicidad, tristeza, miedo y enojo. Las imágenes varían en el nivel de intensidad, por lo tanto, se corresponden con la dificultad del elemento.

Dado que la exposición a este estímulo también se acelera, el rendimiento individual también se ve afectado. No obstante, se dice que los puntajes de precisión DANVA son confiables y tienden a aumentar con la edad.

3. Escala de conciencia emocional (LEAS)

Más bien como una medida de auto-informe, el LEAS está diseñado para evaluar la conciencia emocional de los niños dentro de su etapa de desarrollo cognitivo. Esta prueba se basa en el principio de que la conciencia de las emociones de uno y de las de otros tiende a progresar en un orden jerárquico. En orden ascendente, son: (1) sensaciones físicas, (2) tendencias de acción, (3) emociones individuales, (4) combinaciones de emociones y (5) combinaciones de combinaciones de emociones.

La prueba está diseñada para niños de 8 años y menores. Se puede administrar individualmente, en grupo o en forma de entrevista. Solo toma aproximadamente 20 minutos completar la prueba.

Cada escenario se califica en una escala de 5 puntos utilizando tres puntajes diferentes, a saber: autoconocimiento, otro conocimiento y conocimiento total. La escala consta de 12 escenarios, y cada situación involucra a dos personas, es decir, el yo y el otro.

Para cada escenario, se les pide a los niños que respondan en cuanto a "cómo se sienten" y "cómo creen que la otra persona podría sentirse". Se presentan cuatro emociones universales, y estas son: felicidad, tristeza, miedo y enojo. La historia se presenta utilizando situaciones sociales cotidianas con las que el niño se puede identificar fácilmente.

La mayoría de los maestros, consejeros y terapeutas del aula encuentran útil cl LEAS porque hace que los niños sean más conscientes de las emociones (por ejemplo, la ira) en sí mismos y más capaces de resolver situaciones emocionales (por ejemplo, el estar enojados) con los demás.

Capítulo 8: críticas al modelo de capacidades

Entre todos los modelos primerizos de Inteligencia Emocional, el Modelo de Capacidades es considerado el más estudiado y científicamente investigado entre todos ellos. De hecho, ha sentado las bases para el Modelo Mixto, que combina las teorías de Rasgo y Habilidad.

(Para obtener más información sobre el Modelo mixto de inteligencia, consulta nuestro libro electrónico anterior titulado "Inteligencia emocional: *Una guía paso a paso sobre Cómo a Dominar Nuestras Emociones, Aumentar Nuestra Auto- Consciencia, y Mejorar Nuestro EQ*").

No obstante, como cualquier otra teoría, hay fallas en este modelo que no lo hacen tan preciso y confiable al 100%. Por lo tanto, es importante que todos nosotros tomemos este modelo de forma crítica, sabiendo que aún queda mucho por mejorar.

¿Cuáles son algunas de sus limitaciones?

Aunque no estamos de humor para criticar el trabajo de otros, es una necesidad que tengamos que ser objetivos con este libro electrónico. Por lo tanto, cerca del final de este capítulo, es importante hacer una crítica sobre las limitaciones que hayamos visto en los tipos de mediciones y en el modelo en general.

En el modelo de las capacidades

En primer lugar, dado que el Modelo considera la ecualización como una inteligencia verdadera (como IQ), la mayoría de sus pruebas se basan en una prueba de CI cognitiva basada en la capacidad. Sin embargo, su diferencia con las pruebas de CI estándar es que no proporciona un tipo objetivo de puntuación. Como medida, lo más que puede hacer es registrar sus respuestas y compararlas con las puntuaciones de una muestra universal (o global) de encuestados.

Por lo tanto, una de las principales críticas contra el Modelo de Habilidad es que trata de ser objetivo en su puntuación, pero luego no tiene una medición clara de los resultados del EQ de una persona. Probablemente, esto se debe a que está tratando de medir objetivamente algo que es subjetivo por definición, y estamos hablando de Emoción.

Otra crítica por la que se cita frecuentemente el Modelo es que se basa más en la Capacidad Cognitiva (o Habilidad Mental) que en una Respuesta Emocional Intuitiva. Si lo ponemos de otra manera, el Modelo de Habilidad de la IE implica más pensamiento y menos intuición.

En lugar de enfocarse más en cómo las emociones son percibidas y experimentadas naturalmente por la persona, se redirige a cómo se pueden usar las emociones de una manera intelectual. Debido a que el Modelo de habilidad se enfoca demasiado en el aspecto intelectual del uso de las emociones, está predispuesto a los trucos o tendencias manipuladoras maquiavélicas.

Irónicamente, es en el propio lugar de trabajo donde se ha encontrado que el modelo de capacidad carece de validez predictiva. A pesar de todo el conocimiento sobre cómo la Inteligencia Emocional puede afectar y mejorar el rendimiento en una serie de entornos de trabajo, todavía carece de éxito en el área de predecir el desempeño laboral individual.

Cada uno de los test

Comenzando con el MSCEIT, la prueba es demasiado subjetiva, incluso cuando intenta ser objetiva. No tiene en cuenta la personalidad y los rasgos personales inherentes a una persona, que junto con las habilidades también cuentan como factores.

Si se observa un contratiempo con el JACBART, es que cada presentación de las expresiones faciales solo dura dos segundos completos. Por lo tanto, los estímulos solo están presentes durante un tiempo muy limitado, y la velocidad de percepción se enfatiza dentro de la prueba. Lo mismo se aplica para el DANVA, ya que también se acelera.

Dado que el LEAS es más un instrumento basado en el rendimiento, la medida no es si las respuestas son correctas o no. Más bien, la puntuación se basa en la complejidad de las palabras de emoción utilizadas y en la diferencia entre las emociones. Una vez más, la subjetividad en la puntuación y la evaluación parece ser el problema.

En cuanto a todas las pruebas, dicen, no hay suficientes preguntas de prueba y expresiones faciales para delinear suficientemente a alguien que sea bueno para identificar expresiones faciales en comparación con alguien que sea excelente o excepcional en eso.

Dado que la mayoría de las pruebas fueron creadas por expertos de una cultura específica, no cubrirían todos los matices más finos que son únicos y peculiares de las muchas y diferentes culturas de todo el mundo.

Capítulo 9: sacarle el provecho al modelo de capacidades

Entonces, en general, ¿cómo se mide el modelo de habilidad? A pesar de las críticas y limitaciones, hemos establecido cómo el Modelo de Habilidad puede o no funcionar para usted, recuerde que todavía es un trabajo en progreso.

La buena noticia es que, hace apenas un año, se realizó otra actualización y revisión del modelo. Puede referirse a él como "El modelo de habilidad de la inteligencia emocional: Principios y actualizaciones, Revisión de las emociones", Mayer J. D., Caruso D., Salovey P. (2016).

Optimizar la inteligencia emocional para el crecimiento personal

Si bien el Modelo de Habilidad de la Inteligencia Emocional no es perfecto, ¿por qué no optimizar y aprovechar al máximo? Paso a paso, aplique los cuatro elementos del Modelo de Habilidad de la IE, y seguramente le servirán como un trampolín para que usted suba de nivel en su crecimiento personal.

Además, si realmente quieres dominar tu emoción y crecer como persona, aquí tienes un doble consejo que te dejamos con:

1. *Convierte tu conocimiento de la IE de teoría a práctica*

   Anteriormente en nuestro libro electrónico, ya confirmamos que su EQ puede aumentar y su EI puede mejorar. A través de la práctica y la repetición constantes, puedes seguir entrenándote para ser más inteligente en tus respuestas emocionales.

Una vez que esté más consciente de sus propias emociones, estará más consciente de su respuesta emocional a las personas que lo rodean. Debido a esto, usted será mejor en la resolución de problemas y en la toma de decisiones. Podrás manejar personas difíciles y situaciones estresantes.

En lugar de ser afectado, podrá controlar su respuesta emocional y darle la vuelta para influir en el comportamiento de los demás. Estas son solo algunas de las habilidades que podrás hacer si pones la teoría en práctica.

2. *Aprende a través del ejemplo puesto por las personas de alto EQ.*

Caracterizado como "intensamente leal y orientado a las relaciones", Warren Buffet es reconocido como uno de los inversionistas y empresarios más exitosos de su tiempo. A través de su compañía matriz, Berkshire Hathaway, tiene el 100% de participación en más de 43 compañías y acciones mayoritarias en muchas otras. Estas más de 60 compañías incluyen Dairy Queen, Duracell, Geico, See's Candies, Fruit of the Loom, Brooks Sports, Acme Brick Company, Omaha World Herald y Nebraska Furniture Mart, entre otras.

Como inversionista, no se apoya mucho en un montón de herramientas técnicas complicadas. Un maestro en la intuición y el reconocimiento de patrones, por lo general analiza y trata de entender una empresa que inicialmente le parece interesante. Su intuición lo lleva a determinar si la inversión tiene sentido o no y vale la pena tomarla.

Conocido como el "Oráculo de Omaha", Buffet ha cultivado deliberadamente un fuerte sentido de la intuición. Su secreto para tener éxito en el campo de la inversión no fue el producto de ser tan rígido y racional como sus competidores, sino el resultado de no bloquear sus emociones. Es un hombre consciente de sí mismo que sabe claramente qué sentimientos serían útiles para el negocio y cuáles serían perjudiciales para sus decisiones.

Por cierto, si hay algo que Warren Buffet comparte con Bill Gates de Microsoft, es una amistad mutua que se ha extendido por más de 25 años.

Como amigos de mucho tiempo, ambos tienen su libro de negocios favorito de todos los tiempos de John Brooks, "*Business Adventures*", y se trata del factor humano que hace que un negocio sea exitoso. En pocas palabras, se trata de tener a las personas adecuadas, es decir, las personas que tienen tanto el EQ como el IQ para tener éxito.

Esto nos lleva a la contradicción de un hombre que todos conocemos como Bill Gates. La mayoría de las personas recuerdan a Bill Gates, no solo como multimillonario y genio, sino también como un estudiante de bajo rendimiento en la escuela y una persona difícil con quien trabajar.

Pero, por alguna razón, ahora no se le puede criticar por ser uno de los humanitarios más amables y generosos (con su lado filantrópico, una vez más, siendo algo, comparte con Buffet).

Entonces, la gran pregunta es: ¿Qué cambió? Desde el exterior, probablemente nunca sabremos la esencia de la historia. Pero si se trata de su deseo de convertirse en la persona adecuada con el EQ y el IQ para tener éxito, ¿no nos proporcionaría esa respuesta?

Conclusión

No importa qué fallas y lagunas encontremos en el diseño del Modelo de Capacidades, claramente, todavía tiene el potencial de desarrollar nuestra Inteligencia Emocional y apoyar nuestro Crecimiento Personal. Todo depende de los puntos clave que derives y decidas utilizar desde el modelo.

Uno de los puntos fuertes del Modelo de Habilidad es que lo alienta a utilizar sus emociones de una manera positiva y constructiva. Solo por los términos "positivo" y "constructivo", tú sabes que hay algo bueno que se está construyendo en usted y esa es tu persona.

Sin embargo, para que el crecimiento personal ocurra, el cambio debe ocurrir primero. Bueno, si las células más inteligentes de tu cuerpo, tus propias células cerebrales, están dispuestas a desarrollar nuevas conexiones y abandonar los caminos antiguos, ¿entonces cómo puedes no renunciar a tus viejos caminos por los nuevos?

Siempre hay nuevas y mejores formas de lidiar con las emociones y ver la vida en general. Si observas el "usar las emociones" bajo una nueva perspectiva, por ejemplo, esta vez, no pasarás por alto el hecho de que, en su totalidad, se trata de "usar las emociones para facilitar el pensamiento". Visto desde una perspectiva diferente, podría tratarse de considerar los sentimientos para facilitar el pensamiento y, por lo tanto, extraer de sus emociones de manera más constructiva.

Con esto, terminamos el libro electrónico y te deseamos lo mejor en el uso del Modelo de

Habilidad de la Inteligencia Emocional para lograr y apoyar el crecimiento al que aspiras.

Nota del autor

Si bien TODOS podemos aprender de forma diferente unos de otros, espero que hayan encontrado algunos huevos de oro durante la lectura de este libro. Su éxito en obtener nuevos conocimientos al leer mi libro **me mantiene motivado** para seguir escribiendo libros de desarrollo personal.

Sus pensamientos y opiniones personales sobre el libro son muy bien recibidos cuando dejan su reseña. Esto me ayudará mucho a comprender e identificar lo **que pueden estar buscando mis lectores**; ¡Y al mismo tiempo, también ayudará a nuestros colegas lectores a tomar la decisión de comenzar a trabajar para convertirse en una mejor versión de sí mismos!

Como pueden o no saber, todavía hay muchas personas, si no más, que no entienden la importancia de la Inteligencia Emocional. Juntos, podemos difundir la palabra y ayudarnos mutuamente a tener éxito en la comprensión y aprecio mutuo.

Referencias Bibliográficas

[i] http://www.essentiallifeskills.net/what-is-emotional-intelligence.html

[ii] http://www.csc-scc.gc.ca/research/092/005008-0150-eng.pdf

[iii] Http://www.psyarticles.com/emotion/face-emotion.htm

[iv] http://www.psyarticles.com/emotion/face-emotion.htm

[v] http://www.psyarticles.com/emotion/face-emotion.htm

[vi] http://www.psyarticles.com/emotion/face-emotion.htm

[vii] http://emotionnews.org/category/perceiving-emotions/

[viii] http://emotionnews.org/category/perceiving-emotions/

[ix] http://journals.sagepub.com/doi/abs/10.1177/10298649020050s105

[x] http://dalecarnegie.org/

[xi] https://www.psychologytoday.com/blog/inside-the-consumer-mind/201302/how-emotions-influence-what-we-buy

[xii] https://www.psychologytoday.com/blog/inside-the-consumer-mind/201302/how-emotions-influence-what-we-buy